el colegio - dibistan	2
el viaje - rêwêtî	5
el transporte - guhaztin	8
la ciudad - bajar	10
el paisaje - tebîet	14
el restaurante - xwaringeh	17
el supermercado - bazar	20
las bebidas - vexwarinan	22
la comida - xwarin	23
la granja - cotgeh	27
la casa - xanî	31
el living - oda rûniştinê	33
la cocina - metbex	35
el baño - hemam	38
el cuarto de los chicos - odeya zarok	42
la ropa - kinc	44
la oficina - ofîs	49
la economía - aborî	51
las ocupaciones - profesyon	53
las herramientas - amûran	56
los instrumentos musicales - amûrên mûzîkê	57
el zoológico - baxça heywanan	59
los deportes - werziş	62
las actividades - çalakiyan	63
la familia - malbat	67
el cuerpo - beden	68
el hospital - nexweşxane	72
la emergencia - acîlîyet	76
la Tierra - erd	77
el reloj - saet	79
la semana - hefte	80
el año - sal	81
las formas - şêwe	83
colores - rengan	84
los opuestos - beramberan	85
los números - hejmaran	88
los idiomas - zimanan	90
quién / qué / cómo - kî /çi / çawa	91
dónde - kû	92

Impressum
Verlag: BABADADA GmbH, Nedderfeld 112 , 22529 Hamburg
Geschäftsführer / Verlagsleitung: Harald Hof
Druck: Books on Demand GmbH, In de Tarpen 42, 22848 Norderstedt

Imprint
Publisher: BABADADA GmbH, Nedderfeld 112 , 22529 Hamburg, Germany
Managing Director / Publishing direction: Harald Hof
Print: Books on Demand GmbH, In de Tarpen 42, 22848 Norderstedt

el colegio
dibistan

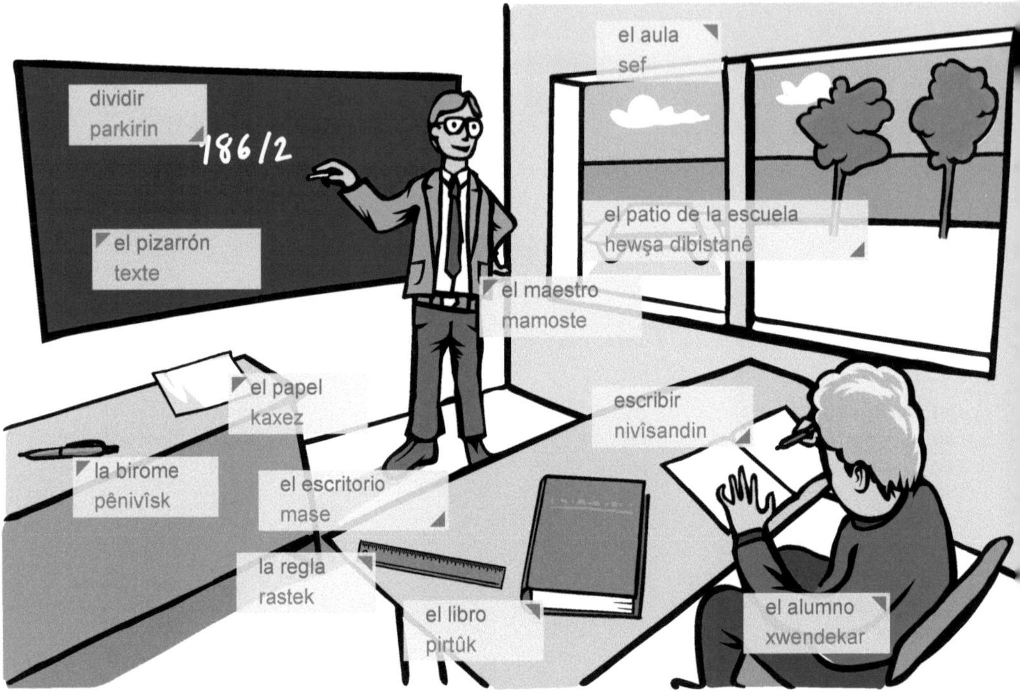

el aula
sef
dividir
parkirin
186/2
el pizarrón
texte
el patio de la escuela
hewşa dibistanê
el maestro
mamoste
el papel
kaxez
escribir
nivîsandin
la birome
pênivîsk
el escritorio
mase
la regla
rastek
el libro
pirtûk
el alumno
xwendekar

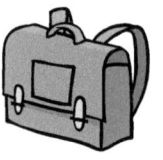

la mochila

çewal

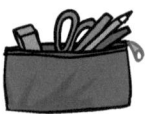

la caja de lápices

qûtî nivîstok

el lápiz

qelemrisas

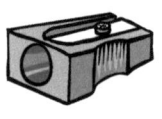

el sacapuntas

nivîstok tûjkir

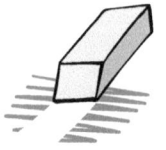

la goma (de borrar)

jêbir

el bloc de dibujo

nivîska nîgarê

el dibujo

nîgar

el pincel

firçeya rengê

la caja de pinturas

qûtî reng

la tijera

meqes

el pegamento

lezaq

el cuaderno de ejercicios

pirtûka fêrbûn

la tarea

wezîfa malê

el número

hejmar

sumar

zêdekirin

restar

derxistin

multiplicar

zêdekirin

calcular

hesibandin

la letra

tîp

el abecedario

alfabe

la palabra

peyv

el texto

nivîsê

leer

xwandin

la tiza

geç

la lección

ders

el cuaderno de clase

qeydkirin

el examen

îmtîhan

el certificado

şehade

el uniforme escolar

kinca dibistanê

la educación

perwerdehî

la enciclopedia

zanistname

la universidad

zanîngeh

el microscopio

mîkroskûp

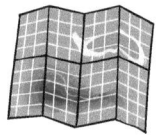

el mapa

xerîte

el tacho (de basura)

sepeta kaxezê

el viaje
rêwêtî

el hotel
mêvanxane
Grand
el hostel
mêvanxane
ROOMS
EXCHANGE
la casa de cambio
ofisa pere veguhartinê
la valija
cente
el auto
maşîn

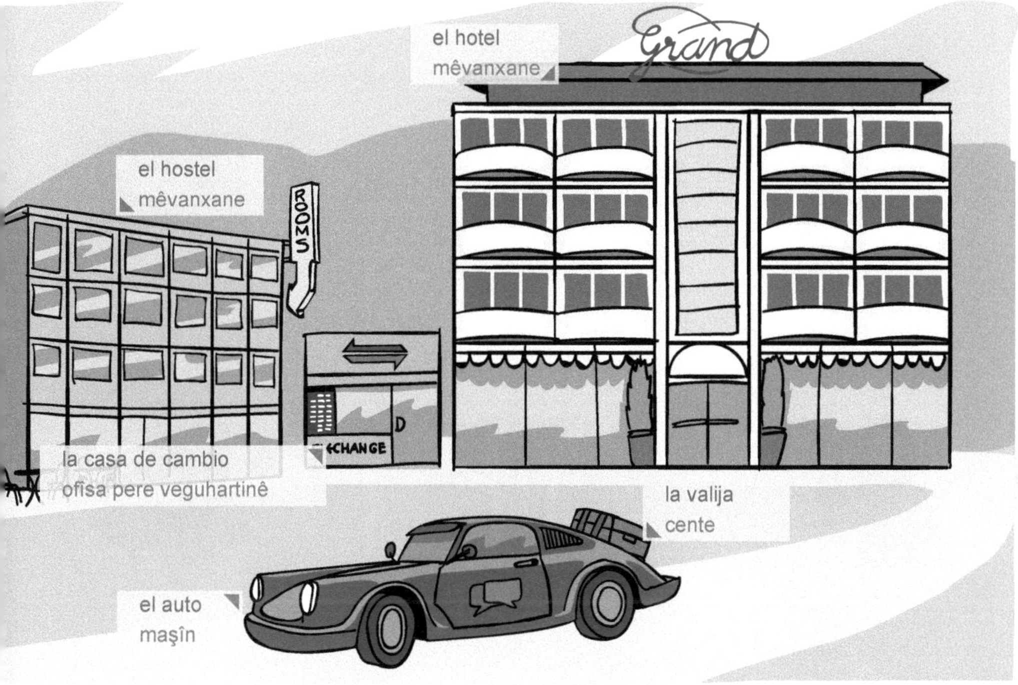

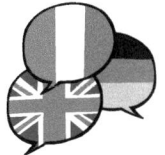

el idioma
ziman

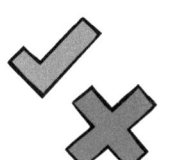

sí / no
belê / na

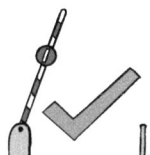

Está bien
baş

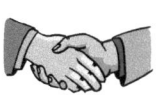

hola
silav

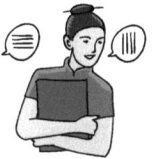

el traductor
wergêra nivîskî

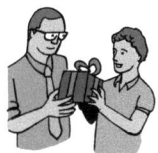

Gracias
sipas

¿cuánto cuesta…?

bihayê … çi qase?

No entiendo

ez fam nakim

el problema

pirsgirêk

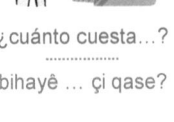

¡Buenas tardes!

êvarbaş!

¡Buenos días!

beyanî baş!

¡Buenas noches!

şev baş!

el adiós

xatirê te

la dirección

alî

el equipaje

hûrmûr

el bolso

çente

la mochila

çente pişt

el invitado

mêvan

la habitación

ode

la bolsa de dormir

came xew

la carpa

çadir

x

la información turística

agagiyên gerokan

la playa

rexê avê

la tarjeta de crédito

kartê qerzê

el desayuno

taştê

el almuerzo

firavîn

la cena

şîv

el pasaje

kart

el ascensor

asansor

el sello

pûl

la frontera

tixûb

la aduana

gumirk

la embajada

balyozxane

la visa

vîza

el pasaporte

pasaport

el transporte
guhaztin

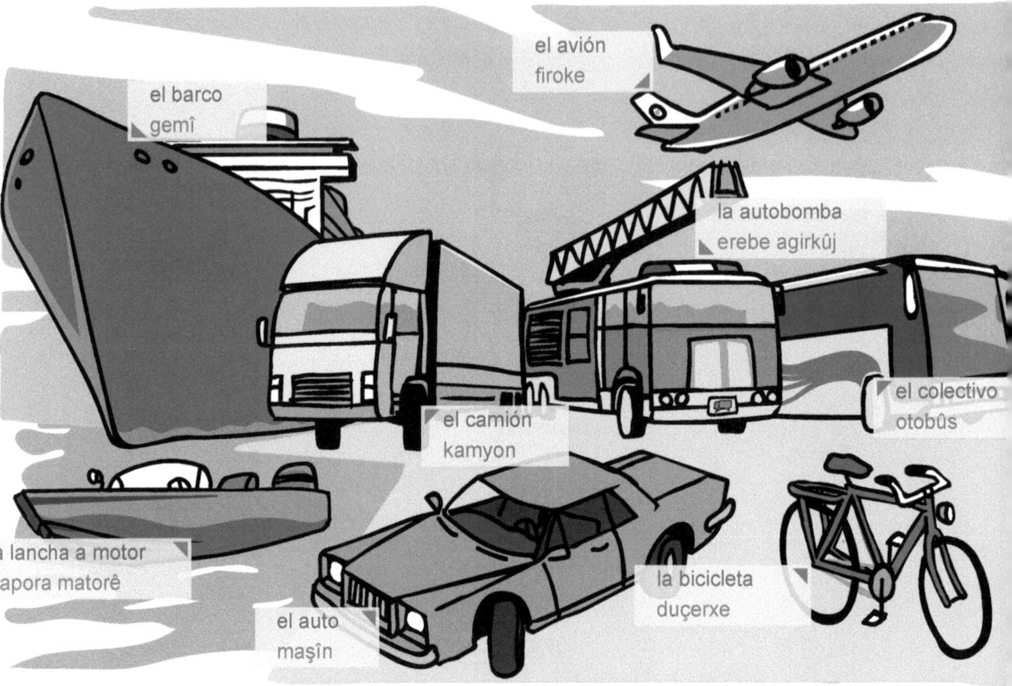

el avión
firoke
el barco
gemî
la autobomba
erebe agirkûj
el colectivo
otobûs
el camión
kamyon
la lancha a motor
papora matorê
la bicicleta
duçerxe
el auto
maşîn

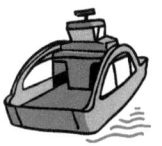

el ferry

papor

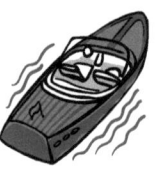

el bote

papor

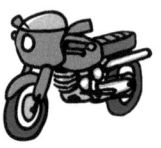

la moto

motorsîklêt

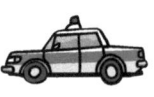

el patrullero

trimbêla polîsê

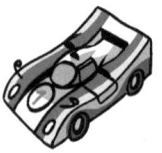

el auto de carreras

trimbêla pêşbaziyê

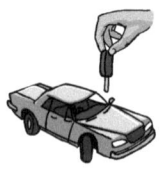

el auto de alquiler

erebe kirêkirinê

el alquiler de autos

maşîn pervekirin

la grúa

kamyona kişandinê

el camión de la basura

kamyona xwelî

el motor

motorsîklêt

la nafta

mazot

la estación de servicio

îstegeha benzînê

la señal de tránsito

tabloya tirafîkê

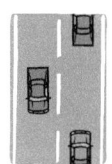

el tránsito

hatinûçûn

el embotellamiento

tirafîk

el estacionamiento

cihê parkê

la estación de tren

rawesteka trênê

las vías

rêç

el tren

trên

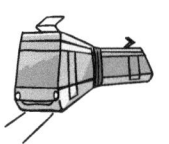

el tranvía

trênê kolanê

el vagón

erebe

el helicóptero

babirok

el aeropuerto

balafirgeh

la torre

birc

el pasajero

misafir

el contenedor

qûtî

la caja de cartón

qûtî

la carretilla

girgirok

la canasta

selik

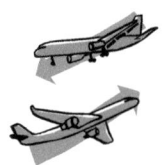

despegar / aterrizar

rabûn / nîştin

la ciudad

bajar

el pueblo

gund

el centro de la ciudad

navenda bajarê

la casa

xanî

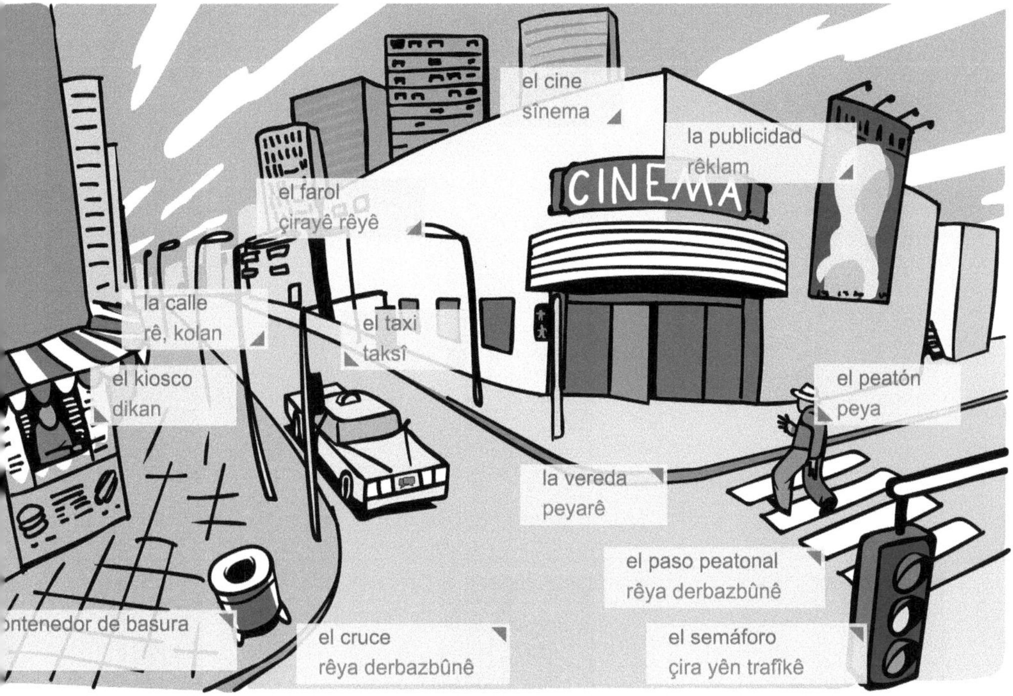

el cine
sînema
la publicidad
rêklam
CINEMA
el farol
çirayê rêyê
la calle
rê, kolan
el taxi
taksî
el kiosco
dikan
el peatón
peya
la vereda
peyarê
el paso peatonal
rêya derbazbûnê
ontenedor de basura
el cruce
rêya derbazbûnê
el semáforo
çira yên trafîkê

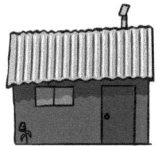

la cabaña

kox

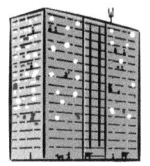

el departamento

xanî

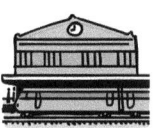

la estación de tren

rawesteka trênê

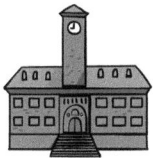

la municipalidad

telara şarevanî

MUSEUM

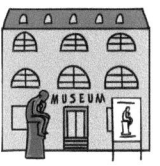

el museo

mûzexane

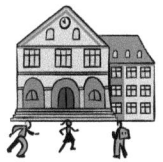

el colegio

dibistan

la universidad

zanîngeh

el banco

bank

el hospital

nexweşxane

el hotel

mêvanxane

la farmacia

dermanxane

la oficina

ofîs

la librería

kitêbfiroşî

el negocio

dikan

la florería

gulfiroş

el supermercado

bazar

el mercado

bazar

las grandes tiendas

supermarket

la pescadería

masîfiroş

el centro comercial

navenda kirrîn

el puerto

bender

el parque

park

el banco

sekû

el puente

pir

las escaleras

derince

el subte

jêr erdê

el túnel

tunnel

la parada del colectivo

îstgeha otobûs

el bar

bar

el restaurante

xwaringeh

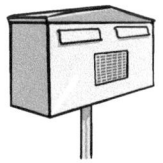

el buzón

sindûqa postê

el letrero

nîşanderka rêyê

el parquímetro

metra parkîngê

el zoológico

baxça heywanan

la pileta

hewza melevanî

la mezquita

mizgeft

la granja
cotgeh

la contaminación
lewitandina derdor

el cementerio
goristan

la iglesia
kenîse

los juegos infantiles
erdê leyistinê

el templo
perestgeh

el paisaje

tebîet

la hoja
gela

el poste indicador
nîşanderka rê

el camino
rê

la pradera
mêrg

la piedra
kevir

el excursionista
gerok

el árbol
dar

el río
çem

la hierba
giya

la flor
kulîlk

el valle
dol

la montaña
gir

el lago
gol

el bosque
daristan

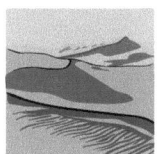

el desierto
beyaban

el volcán
volkan

el castillo
keleh

el arco iris
keskesor

el champiñón
kivark

la palmera
darqesp

el mosquito
mixmixk

la mosca
mêş

la hormiga
mêrî

la abeja
hing

la araña
pîrê

el escarabajo

kêzik

la rana

beq

la ardilla

sihor

el erizo

jîjok

la liebre

kerguh

la lechuza

pepûk

el pájaro

çivîk

el cisne

qû

el jabalí

berazê kovî

el ciervo

pezkovî

el alce

pezkovî

la presa

bendav

el aerogenerador

tûrbîna ba

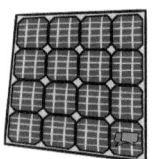

el panel solar

panela xorê

el clima

av û hewa

el restaurante
xwaringeh

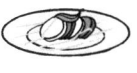

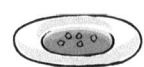

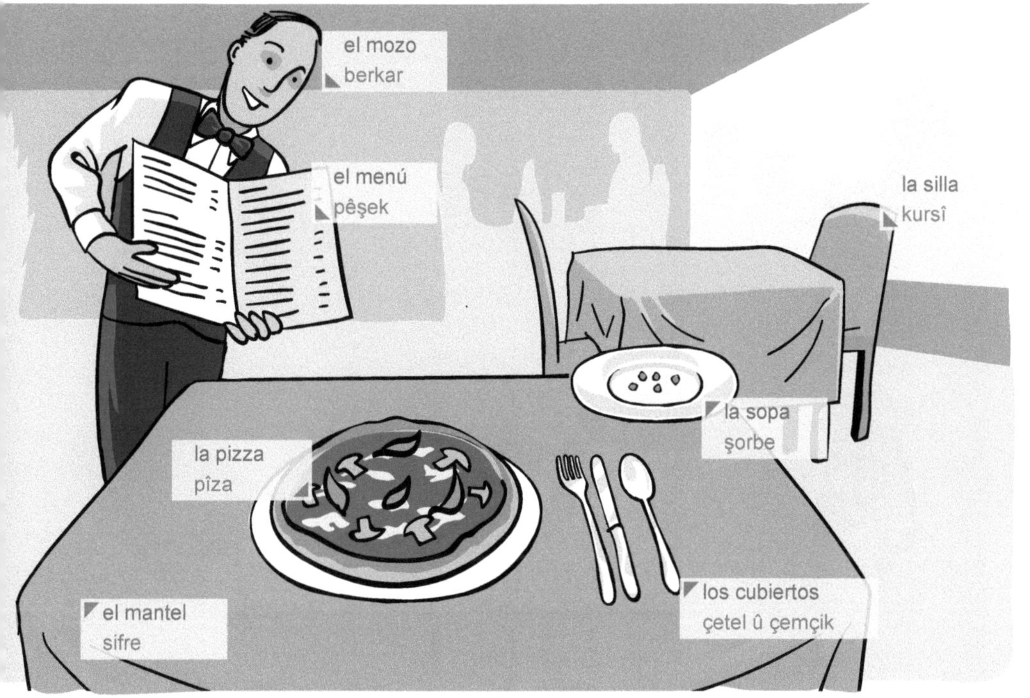
el mozo
berkar
el menú
pêşek
la silla
kursî
la sopa
şorbe
la pizza
pîza
los cubiertos
çetel û çemçik
el mantel
sifre

la entrada
....
xwarina destpêk

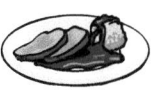

el plato principal
....
xwarina serekî

el postre
....
şêranî

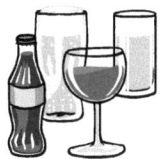

las bebidas
....
vexwarinan

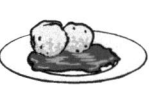

la comida
....
xwarin

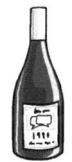

la botella
....
cam

la comida rápida

xwarina lez

la comida callejera

xwarina rêyê

la tetera

çaydanik

la azucarera

qûtî şekirê

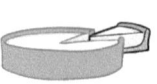

la porción

beş

la cafetera expreso

mekîna çêkirinê espresso

la sillita alta

kursiya bilînd

la cuenta

hesab

la bandeja

sênî

el cuchillo

kêr

el tenedor

çetel

la cuchara

kevçî

la cucharita

kevçiya çay

la servilleta

pêşgir

el vaso

qedeh

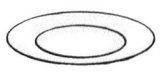

el plato

teyfik

el plato hondo

teyfika şorbe

el plato

piyale

la salsa

çênc

el salero

xwêdank

el molinillo de pimienta

qûtî bîbar

el vinagre

sêk

el aceite

rûn

las especias

biharat

el kétchup

ketçap

la mostaza

mustard

la mayonesa

mayonêz

el supermercado
bazar

la oferta especial
pêşkêşên taybet
FOR
el cliente
mişterî
los lácteos
şîremenî
la fruta
fêkî
el changuito
erebe

BUTCHERS

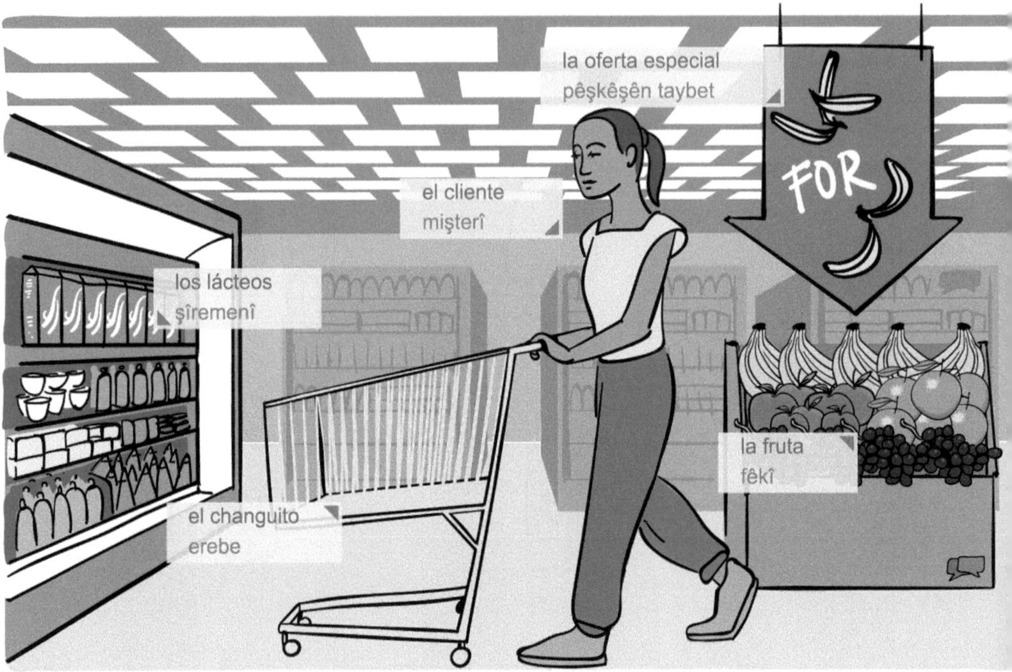

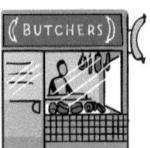

la carnicería
qesabî

BAKERY

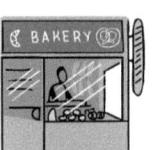

la panadería
dikana nanpêj

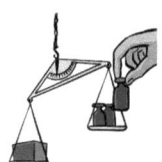

pesar
wezin kirin

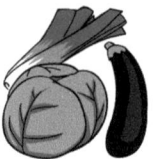

las verduras
sebze

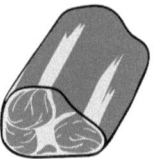

la carne
goşt

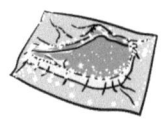

los alimentos congelados
xwarinê cemedî

los fiambres
goştê sar

los alimentos enlatados
xwarina pîlê

el detergente en polvo
xubarê paqijkirinê

las golosinas
şirînî

los electrodomésticos
berhemên navxweyî

los productos de limpieza
berhemên paqijkirinê

la vendedora
firoşyar

la caja
xeznok

el cajero
diravgir

la lista de compras
lîsta kirrînê

el horario de atención
demên vekirî

la billetera
cizdan

la tarjeta de crédito
kartê qerzê

la cartera
çewal

la bolsa de plástico
çente

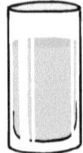

el agua

av

el jugo

şerbet

la leche

şîr

la bebida cola

komir

el vino

şerab

la cerveza

bîra

el alcohol

alkol

el cacao

kakwo

el té

çay

el café

qehwe

el café expreso

espresso

el cappuccino

kapoçîno

la banana

moz

la manzana

sêv

la naranja

pirteqalî

el melón

gundor

el limón

lîmon

la zanahoria

gêzer

el ajo

sîr

el bambú

qamir

la cebolla

pîvaz

el champiñón

qarçik

las nueces

gewîz

los fideos

şihîre

los tallarines

spagêttî

el arroz

birinc

la ensalada

selete

las papas fritas

çîps

las papas fritas

peteteya biraştî

la pizza

pîza

la hamburguesa

hamburger

el sándwich

nanok

el churrasco

goştê stûyê berxî

el jamón

goştê hişkkirî

el salame

salamê

la salchicha

sosîs

el pollo

mirîşk

el asado

bijartin

el pescado

masî

los copos de avena

şorbe bilûl

el muesli

mûslî

los copos de maíz

kertên gilgilan

la harina

ard

la medialuna

croissant

el pancito

semûn

el pan

nan

la tostada

tost

las galletitas

nanik

la manteca

nivîşk

la cuajada

mast

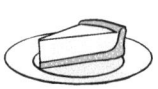

la torta

kulîçe

el huevo

hêk

el huevo frito

hêka qelandî

el queso

penîr

la comida - xwarin

el helado

dondirme

el azúcar

şekir

la miel

hingiv

la mermelada

mireba

la pasta de chocolate

xameya nougat

el curry

kurrî

la granja
cotgeh

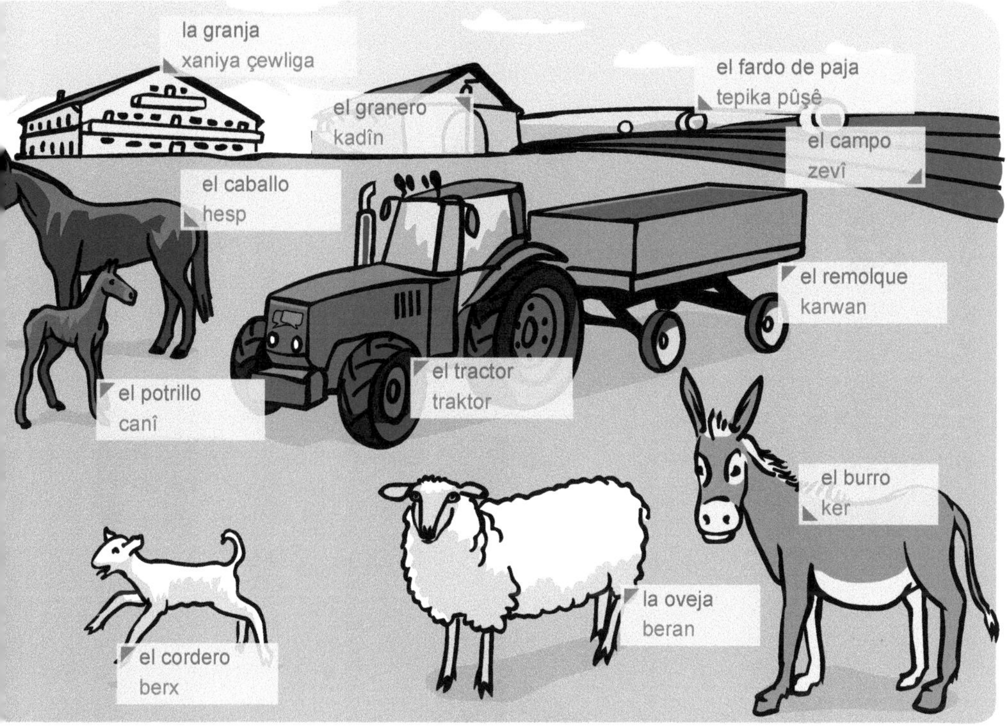
la granja
xaniya çewliga
el granero
kadîn
el fardo de paja
tepika pûşê
el campo
zevî
el caballo
hesp
el remolque
karwan
el tractor
traktor
el potrillo
canî
el burro
ker
la oveja
beran
el cordero
berx

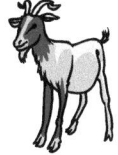

la cabra

bizin

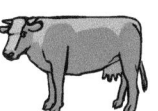

la vaca

çêlek

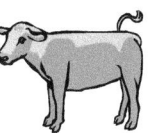

el ternero

golik

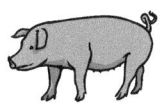

el cerdo

beraz

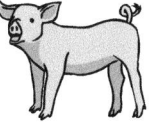

el lechón

xinzîrk

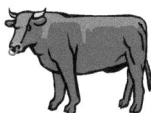

el toro

boxe

el ganso
qaz

el pato
miravî

el pollo
cûçik

la gallina
mirîşk

el gallo
keleşêr

la rata
circ

el gato
kitik

el ratón
mişk

el buey
ga

el perro
kûçik

la cucha
xaniya kûçikê

la manguera
xanî baxê

la regadera
qûtîka avdanê

la guadaña
şalûk

el arado
gasin

la hoz
das

la azada
merbêr

la horquilla
darsapik

el hacha
bivir

la carretilla
destgere

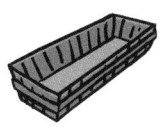

el abrevadero
qûtî xwarina candaran

la lechera
qûtî şîr

la bolsa
tûr

la reja
çeper

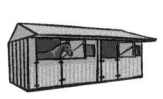

el establo
axur

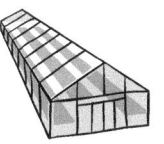

el invernadero
xana kulîlkan

el suelo
ax

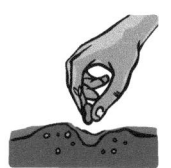

la semilla
dendik

el fertilizador
peyn

la cosechadora
kombayn

cosechar

zad

la cosecha

zad

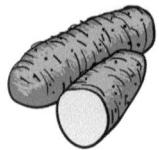

las batatas

petete

el trigo

genim

la soja

fasolî

la papa

petete

el maíz

dexl

la semilla de colza

dindik

el árbol frutal

darê fêkî

la mandioca

sêvê bin erdê

los cereales

zad

la casa
xanî

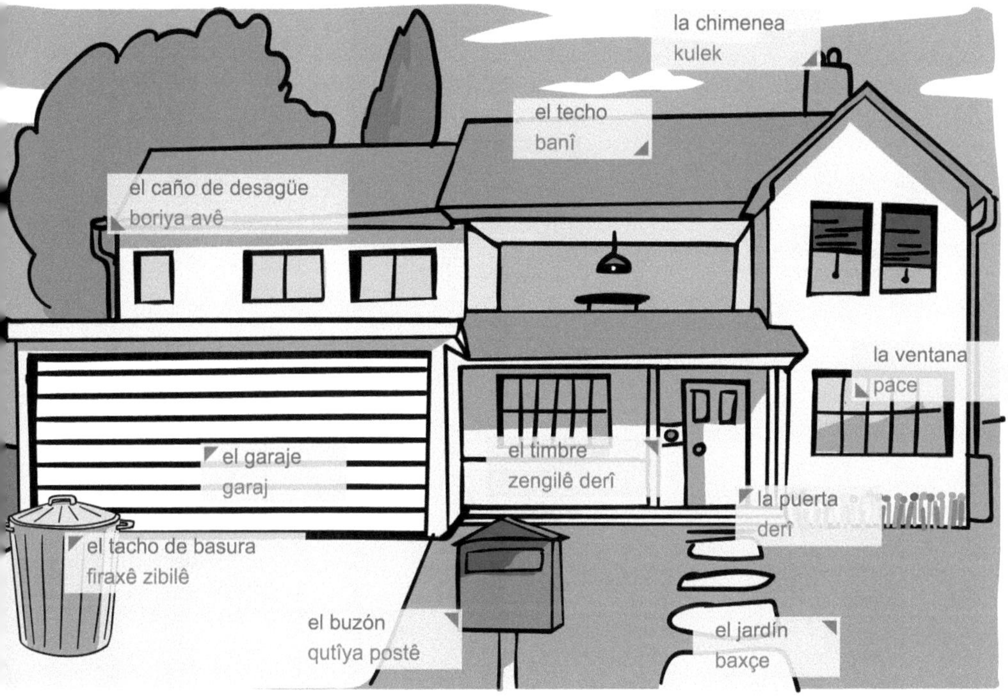

la chimenea
kulek
el techo
banî
el caño de desagüe
boriya avê
la ventana
pace
el timbre
zengilê derî
el garaje
garaj
la puerta
derî
el tacho de basura
firaxê zibilê
el buzón
qutîya postê
el jardín
baxçe

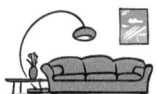

el living

oda rûniştinê

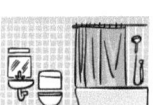

el baño

hemam

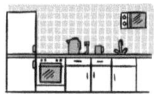

la cocina

metbex

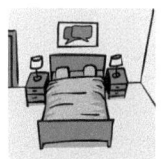

el dormitorio

oda xewê

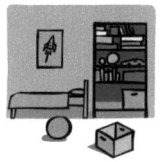

el cuarto de los chicos

odeya zarok

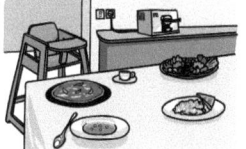

el comedor

oda şîvê

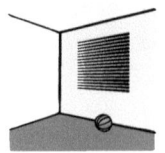

el piso

binî

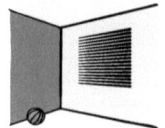

la pared

dîwar

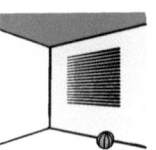

el cielorraso

berban

el sótano

xenzik

el sauna

sauna

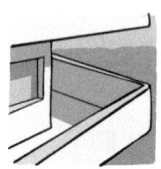

el balcón

balkon

la terraza

berdanik

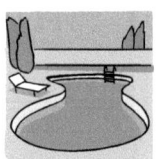

la pileta

hewza melevanî

la cortadora de pasto

çîmen birr

la sábana

melhefe

el acolchado

betanî

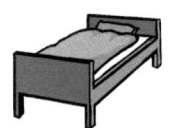

la cama

nivîn

la escoba

gezik

el balde

satil

el interruptor

kilîl

el living

oda rûniştinê

el empapelado
kaxezê dîwar
la imagen
wêne
la lámpara
lampa
el estante
ref
el armario
dolab
la televisión
telefîsiyon
la chimenea
agirdan
la flor
kulîlk
el almohadón
serîn
el sofá
qenepe
el florero
guldank
el control remoto
kontrola dûr

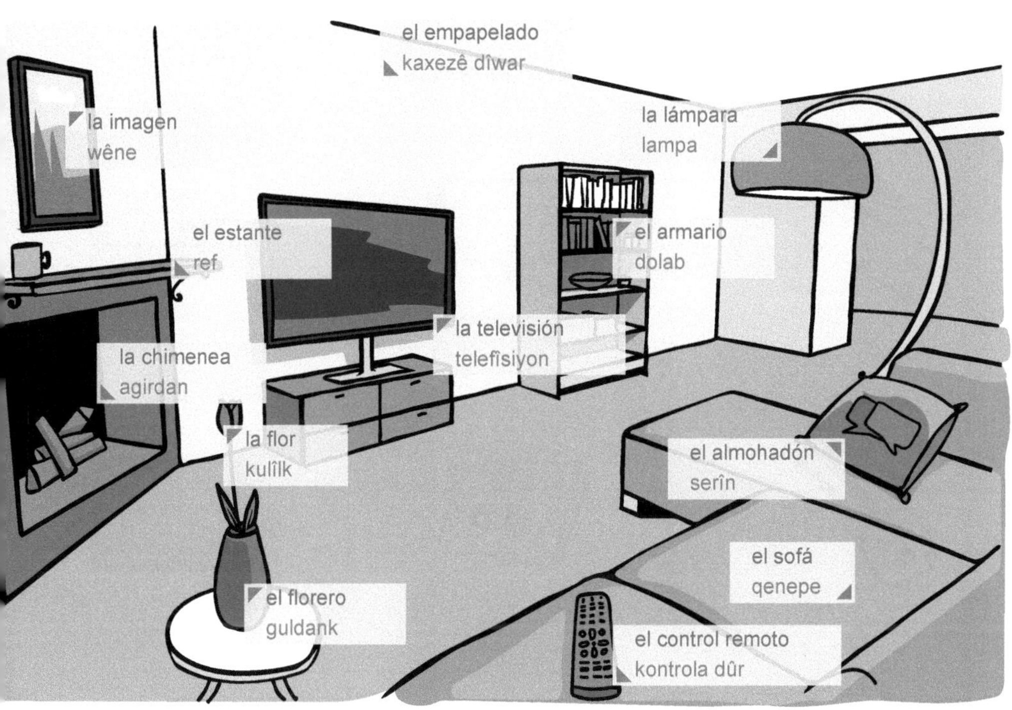

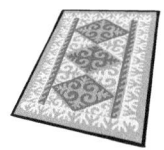

la alfombra
xalîçe

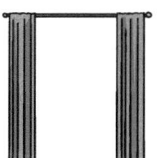

la cortina
perde

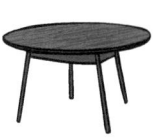

la mesa
mêz

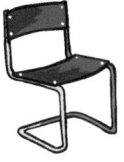

la silla
kursî

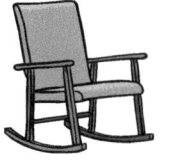

la mecedora
kursiya hejanok

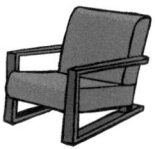

el sillón
kursî

el libro

pirtûk

la frazada

betanî

la decoración

xemilandin

la leña

êzing

la película

fîlm

el equipo de música

hi-fi

la llave

kilîl

el diario

rojname

la pintura

nîgar

el póster

poster

la radio

radyo

el cuaderno

defter

la aspiradora

sivnika elektrîkî

el cactus

kaktûs

la vela

mom

la cocina
metbex

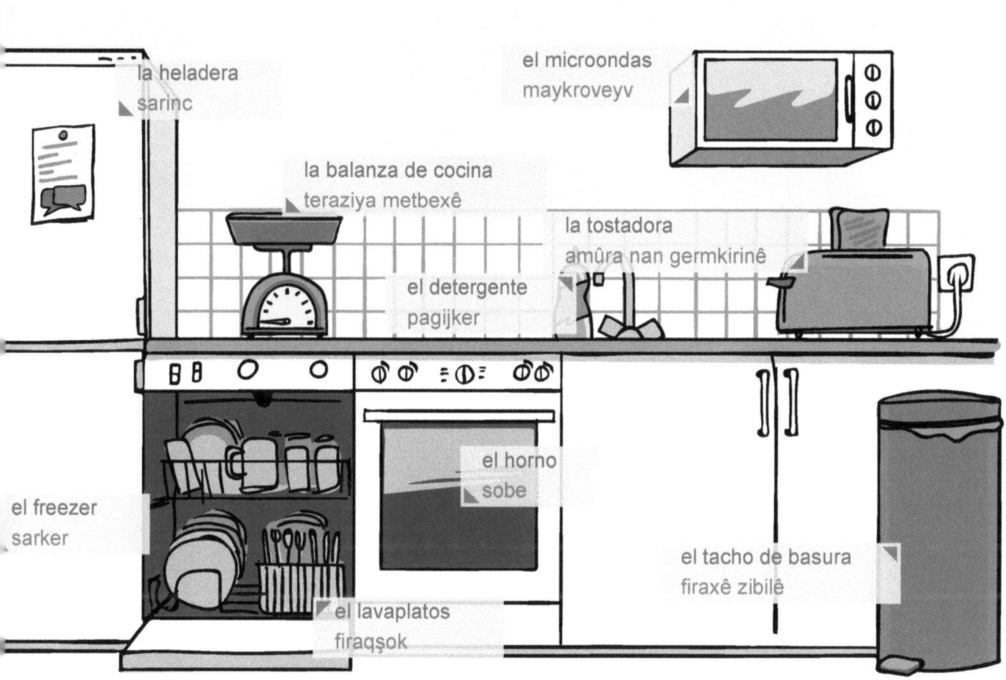
la heladera
sarinc
el microondas
maykroveyv
la balanza de cocina
teraziya metbexê
la tostadora
amûra nan germkirinê
el detergente
pagijker
el horno
sobe
el freezer
sarker
el tacho de basura
firaxê zibilê
el lavaplatos
firaqşok

la cocina
sobe

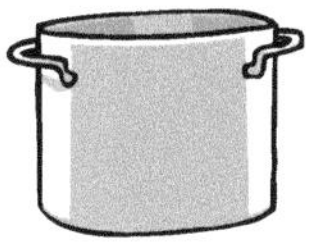

la olla
aman

la olla de hierro fundido
amaê ûtû

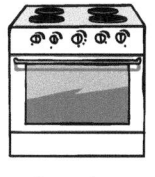

el wok
firaqê mezin

la sartén
dîzik

la pava
kelînk

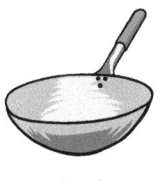

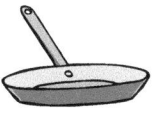

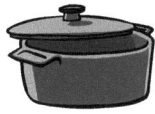

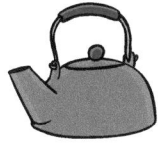

la vaporera

firaqê hilmê

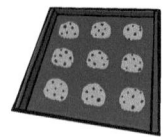

la bandeja de horno

sênî nanê

la vajilla

firaq

la taza

piyale

el bol

kasik

los palitos

darê nanxwarin

el cucharón

hesk

la espátula

kevçiya mezin

la batidora

rînek

el colador

kefgîr

el colador

bêjing

el rallador

rêşker

el mortero

destar

la parrilla

biraştin

la fogata

agirê vala

la tabla de picar

texteya birrînê

el palo de amasar

darikê tîrê

el sacacorchos

devik badek

la lata

qûtî

el abrelatas

qûtîvekir

la manopla

cawê amanan

la pileta

destşo

el cepillo

firçe

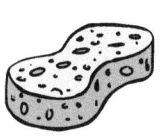

la esponja

parazoa

la batidora

tevdêr

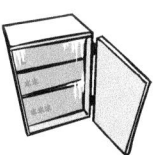

el congelador

sarkerê cemedî

la mamadera

şûşe bebikan

la canilla

henefî

el baño

hemam

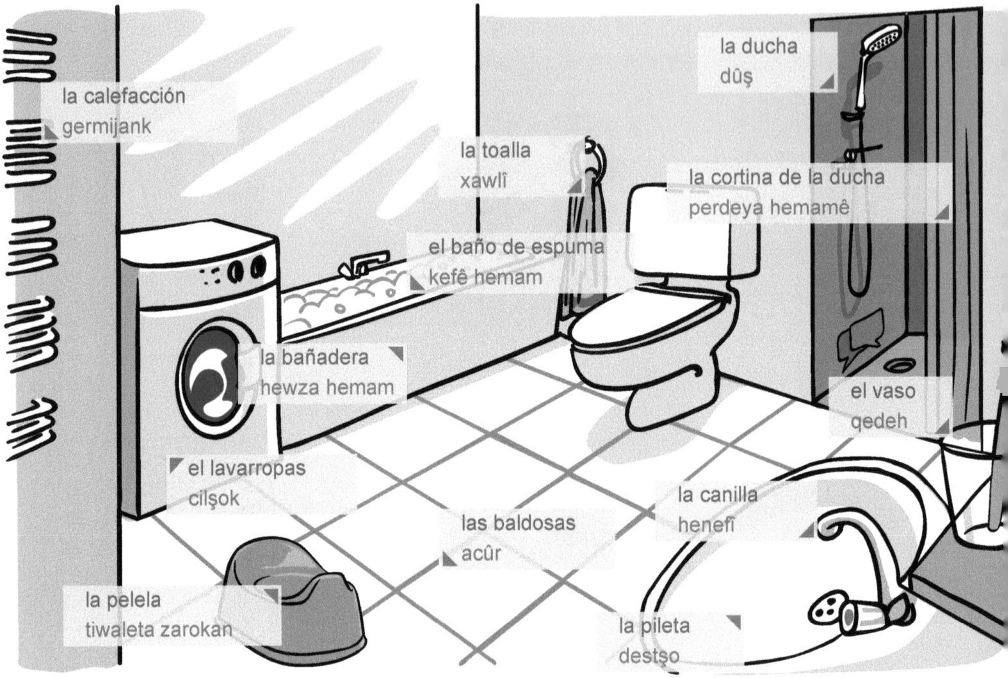

la ducha
dûş
la calefacción
germijank
la toalla
xawlî
la cortina de la ducha
perdeya hemamê
el baño de espuma
kefê hemam
la bañadera
hewza hemam
el vaso
qedeh
el lavarropas
cilşok
la canilla
henefî
las baldosas
acûr
la pelela
tiwaleta zarokan
la pileta
destşo

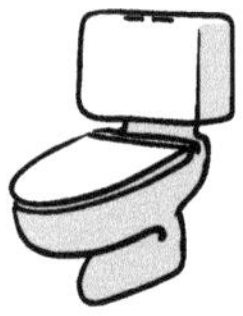

el inodoro

tiwalet

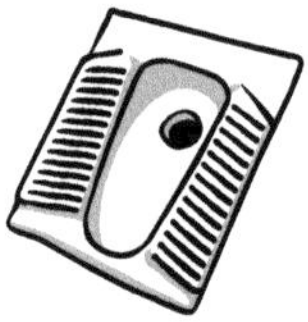

la letrina

tiwaleta erdê

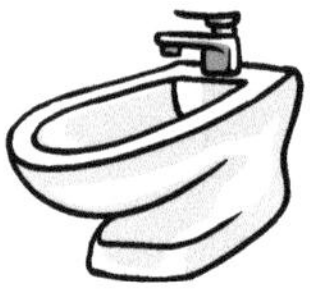

el bidé

tiwalet

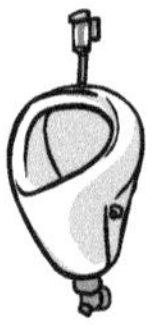

el mingitorio

avdestxana mêran

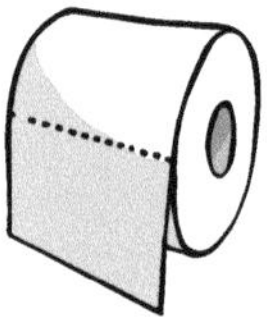

el papel higiénico

kaxeza tiwalet

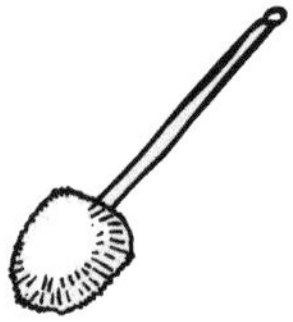

el cepillo para el inodoro

firşeya tiwalet

el cepillo de dientes

firçeya diran

el dentífrico

mecûna diran

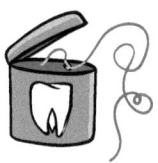

el hilo dental

nexa didan

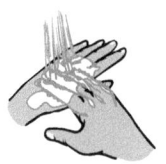

lavar

şûştin

la ducha de mano

dûşê destê

la ducha higiénica

dûş

la palangana

destşo

el cepillo para la espalda

firça pişt

el jabón

sabûn

el gel de ducha

cêlê hemam

el shampoo

şampo

la toallita

fanîle

el desagüe

zêrab

la crema

kirêm

el desodorante

bêhn xweşkir

el espejo

mirêk

el espejito

mirêka destê

la maquinita de afeitar

gûzan

la espuma de afeitar

kefê teraşînê

el aftershave

mecûna piştî teraşînê

el peine

şeh

el cepillo

firçe

el secador de pelo

por hîşikkir

el spray

sipraya porê

el maquillaje

kozmetîk

el lápiz de labios

soravk

el esmalte para uñas

rengê nînok

el algodón

pembû

la tijera para uñas

meqesta nînok

el perfume

parfûm

el portacosméticos

çewalê hemamê

la banqueta

kursiya bêpişt

la balanza

terazî

la bata

kinca hemamê

los guantes de goma

lepika lastîkê

el tampón

tampon

la toallita femenina

xawliya paqijkirinê

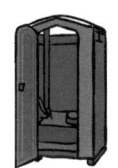

el baño químico

tiwaleta kîmîyewî

el cuarto de los chicos

odeya zarok

el despertador
demjimêrk
el peluche
lîstok
el coche de juguete
maşîna lîstok
el sonajero
xişxişok
la casa de muñecas
mala lîstok
el regalo
xelat

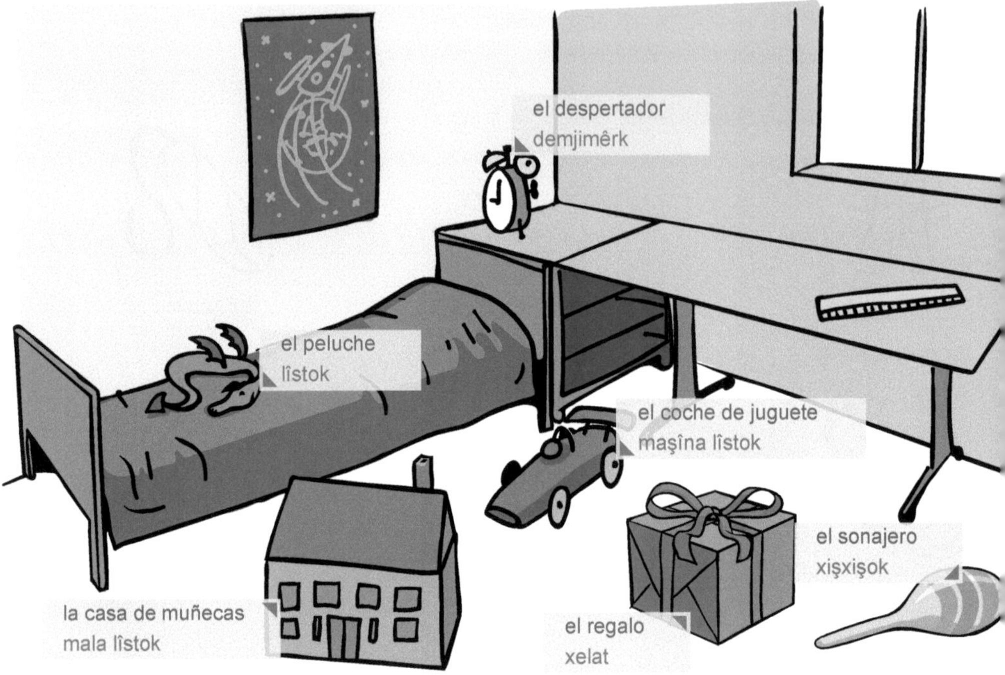

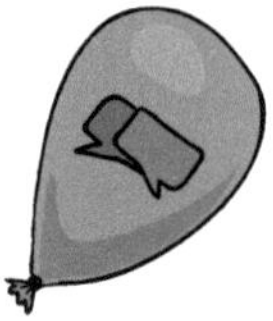

el globo

pifdank

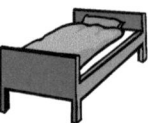

la cama

nivîn

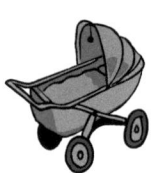

el cochecito

koçk

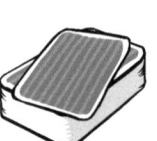

las cartas

lîstika kartê

el rompecabezas

frîzbî

SUPER
MEGA

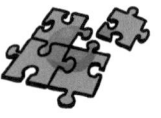

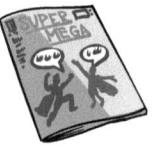

la historieta

komîk

las piezas de lego

acûra lêgo

los ladrillos de juguete

acûra lîstok

la figura de acción

bûke şûşe

el enterito (de bebé)

kinca bebikan

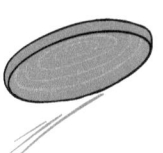

el frisbee

frizbee

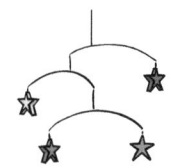

el móvil para bebés

veguhestin

el juego de mesa

lîstikên texte

los dados

mor

el tren eléctrico

modêla trênê

el chupete

memik

la fiesta

cejn

el libro de cuentos ilustrado

kitêba wêne

la pelota

top

la muñeca

bûke şûşe

jugar

leyîstin

el arenero

kuna xîzê

la hamaca

colane

los juguetes

lîstokan

la consola de videojuegos

lîstika vîdeoyî

el triciclo

sêçerxe

el osito de peluche

hirça lîstok

el armario

cildank

la ropa
kinc

las medias

gore

las medias panty

gore

las calzas

derpêgorê

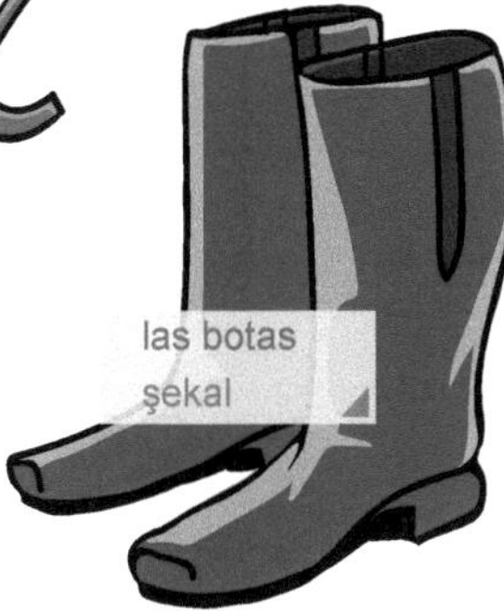

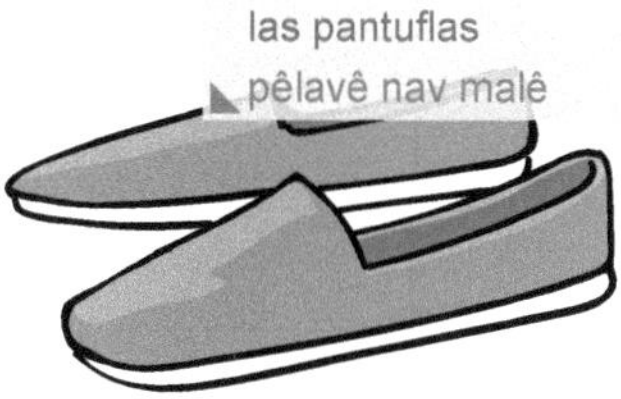

la bufanda
şal

el cinturón
qayiş

el paraguas
çetir

la remera
kiras

las botas
şekal

las pantuflas
pêlavê nav malê

las zapatillas
pêlav

las sandalias
....
solik

los zapatos
....
sol

las botas de goma
....
potîna çermê

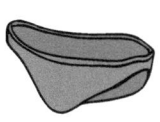
la ropa interior
....
pantolê jêr

el corpiño
....
pêsîrbend

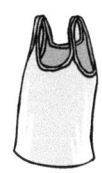
el chaleco
....
çekbend

el body

cendek

los pantalones

pantol

los jeans

jeans

la pollera

daman

la blusa

kiras

la camisa

kiras

el pulóver

fanêle

el buzo

fanêle

el blazer

cakêt

la campera

sako

el tapado

çaket

el piloto

baranî

el traje

lebas

el vestido

fîstan

el vestido de novia

cilê dawetê

el traje

kostum

el camisón

pêcame

el pijama

pêcame

el sari

saree

el pañuelo para la cabeza

leçik

el turbante

mêzer

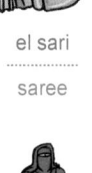

la burka

hêram

el caftán

kaftan

la abaya

eba

el traje de baño

kinca ajnêkirin

el short de baño

cilka melevanî

los shorts

şort

el jogging

cila hêvojkarî

el delantal

pêşmal

los guantes

lepik

la ropa - kinc

47

el botón

dûgme

los anteojos

berçavik

la pulsera

bazin

el collar

gerdenî

el anillo

gustîl

el aro

guhark

la gorra

devik

la percha

hilavistek

el sombrero

kûm

la corbata

kirawat

el cierre

zîp

el casco

serparêz

los tiradores

derzî

el uniforme escolar

kinca dibistanê

el uniforme

yûnîform

el babero

berdilk

el chupete

memik

el pañal

pundax

la oficina

ofîs

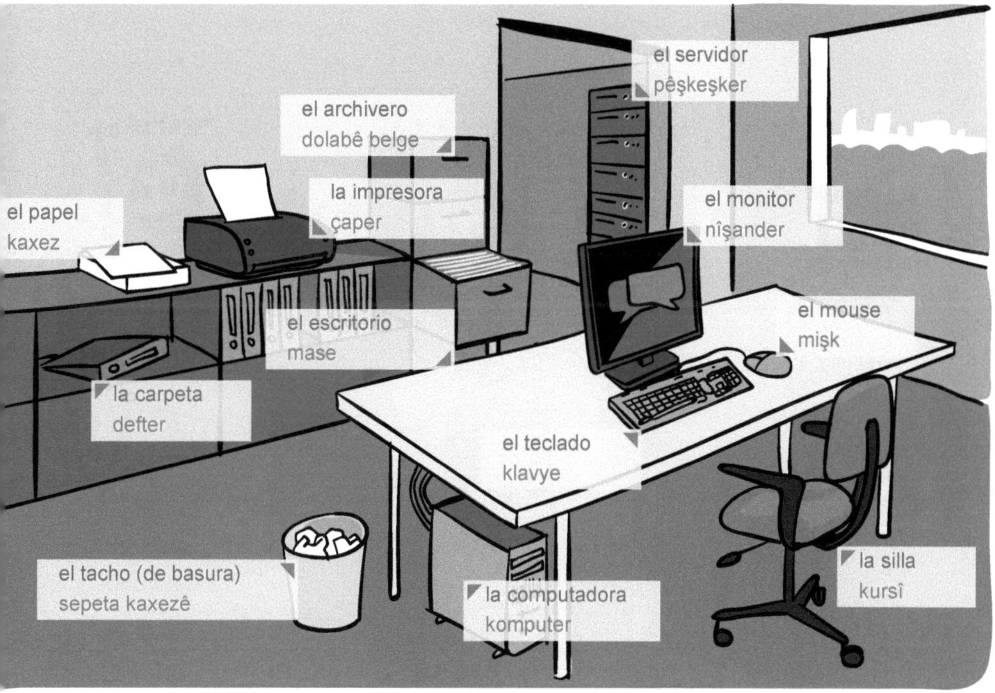

el servidor
pêşkeşker

el archivero
dolabê belge

la impresora
çaper

el papel
kaxez

el monitor
nîşander

el escritorio
mase

el mouse
mişk

la carpeta
defter

el teclado
klavye

el tacho (de basura)
sepeta kaxezê

la computadora
komputer

la silla
kursî

la taza de café

kasika qehwe

la calculadora

hesabker

el internet

înternet

la laptop

komputera laptop

la carta

name

el mensaje

peyam

el celular

telefona mobîl

la red

tor

la fotocopiadora

mekîna fotokopî

el software

software

el teléfono

telefon

el tomacorriente

socketa fîşek

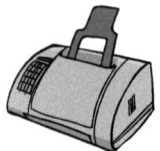

el fax

mekîna faxê

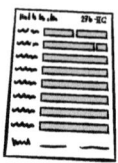

el formulario

form

el documento

belge

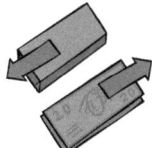

comprar
standin

pagar
pere dan

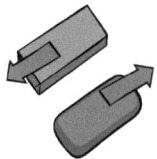

hacer negocios
bazirganî

el dinero
pere

el dólar
dollar

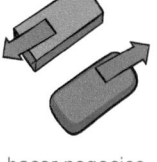

el euro
yoro

el yen
yenê Japonê

el rublo
roblê Rûsî

el franco suizo
firankê Swîsê

el yuan
yuanê Çînê

la rupia
rûpee Hindî

el cajero automático
mekîna jixwebera dirav

la casa de cambio	el oro	la plata
ofîsa pere veguhartinê	zêrr	zîv

el petróleo	la energía	el precio
neft	wize	biha
		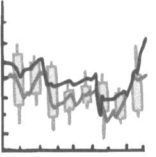
el contrato	el impuesto	la acción
peyman	tax	seham

trabajar	el empleado	el empleador
karkirin	karker	karda

la fábrica	el negocio	
fabrîka	dikan	

las ocupaciones
profesyon

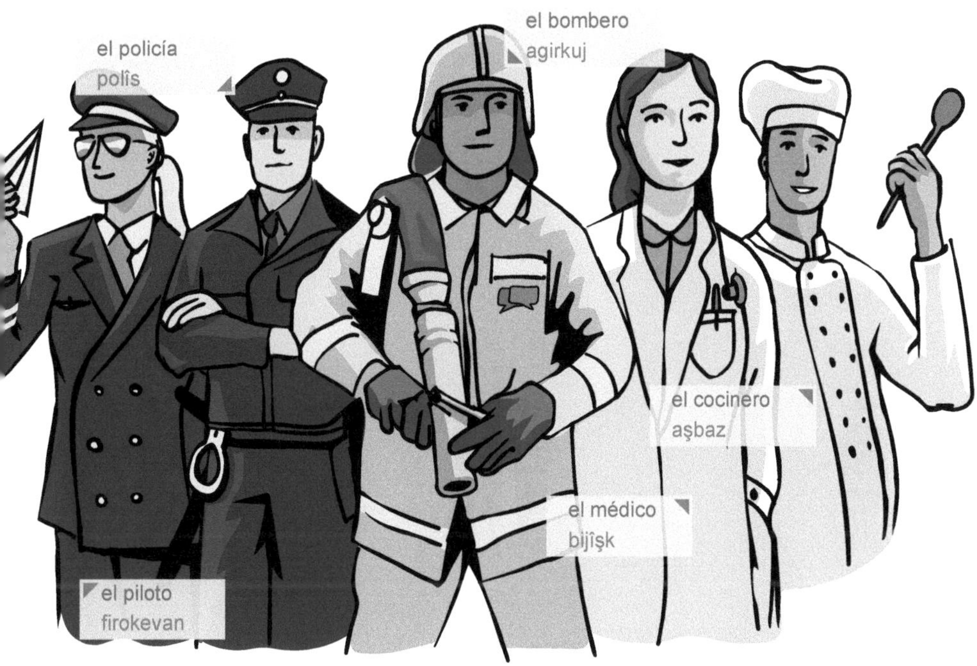
el policía
polîs
el bombero
agirkuj
el cocinero
aşbaz
el médico
bijîşk
el piloto
firokevan

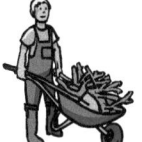

el jardinero

baxçevan

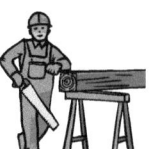

el carpintero

necar

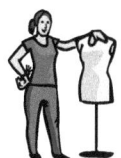

la modista

dirûnvan

el juez

hakim

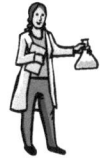

el farmacéutico

şîmyazan

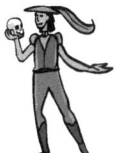

el actor

şanoger

el colectivero

şufêrê basê

el taxista

şufêrekî taksiyê

el pescador

masîvan

la mucama

pagijker

el techista

çêkirê banî

el mozo

berkar

el cazador

nêçirvan

el pintor

rengrês

el panadero

nanpêj

el electricista

karebavan

el albañil

avaker

el ingeniero

endezyar

el carnicero

qesab

el plomero

lûlekar

el cartero

postevan

el soldado

esker

el arquitecto

mîmar

el cajero

diravgir

el florista

firotkara çîçekan

el peluquero

porçêker

el cobrador

ajovan

el mecánico

mekanîk

el capitán

keştîvan

el dentista

pizîşka didanan

el científico

zanistyar

el rabino

rûhan

el imán

îmam

el monje

keşe

el sacerdote

keşîş

las herramientas
amûran

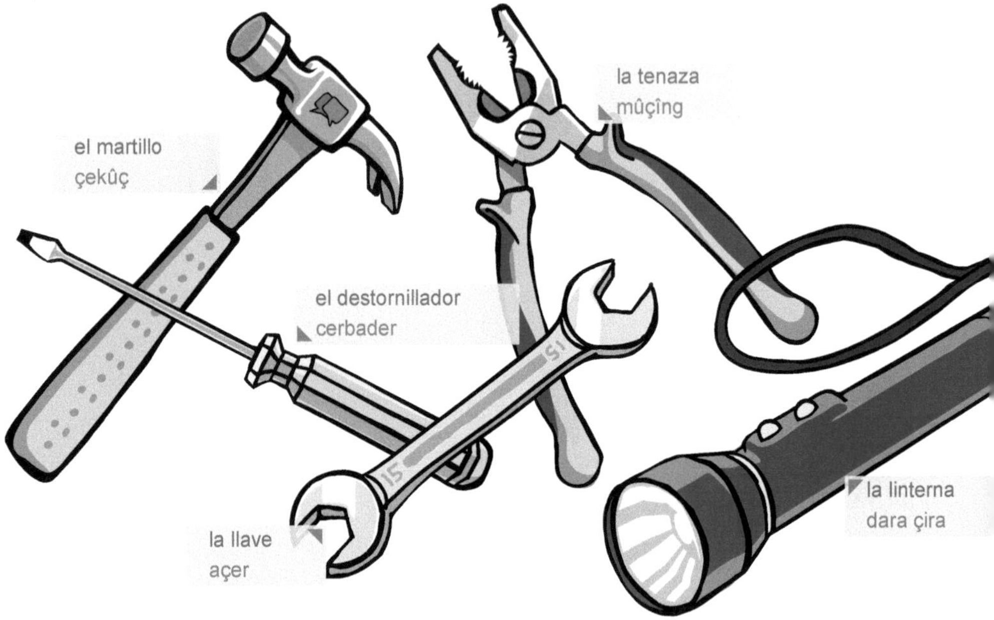

la tenaza
mûçîng
el martillo
çekûç
el destornillador
cerbader
la linterna
dara çira
la llave
açer

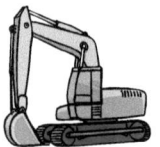

la excavadora

şofel

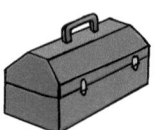

la caja de herramientas

qûtiya amûran

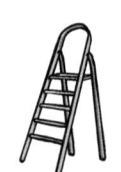

la escalera portátil

peyje

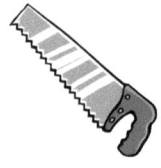

la sierra

mişar

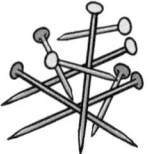

los clavos

mîx

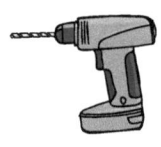

el taladro

qulkirin

arreglar

çêkirin

la pala de jardín

merbêr

¡Qué bronca!

nalet!

la pala de plástico

bêl

el tacho de pintura

qûtiya rengê

los tornillos

cerr

los instrumentos musicales
amûrên mûzîkê

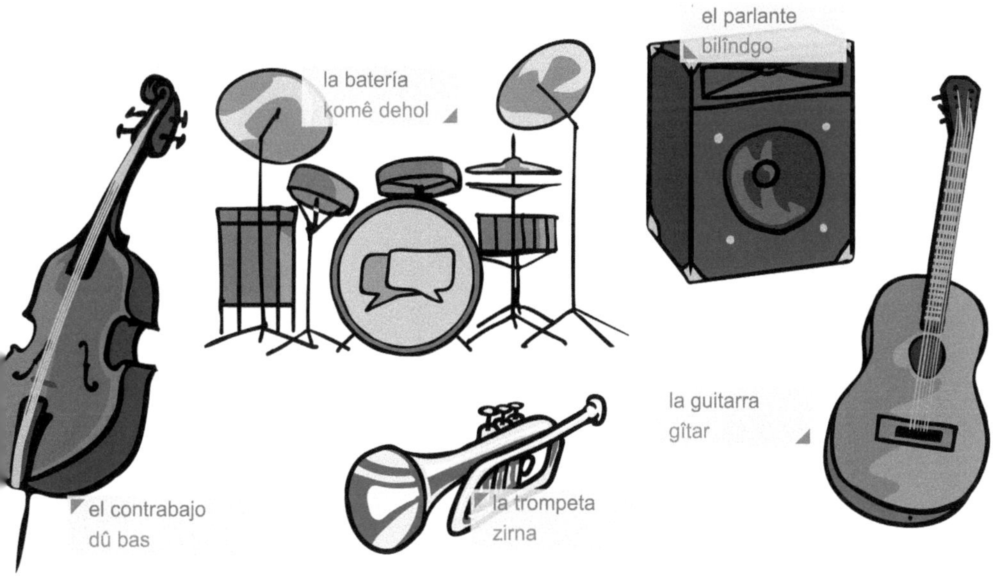

el parlante
bilîndgo

la batería
komê dehol

el contrabajo
dû bas

la trompeta
zirna

la guitarra
gîtar

el piano

piyano

el violín

viyolîn

el bajo

bas

los timbales

dehol

el tambor

dahol

el teclado

keyboard

el saxofón

saksofon

la flauta

bilûr

el micrófono

mîkrofon

el zoológico
baxça heywanan

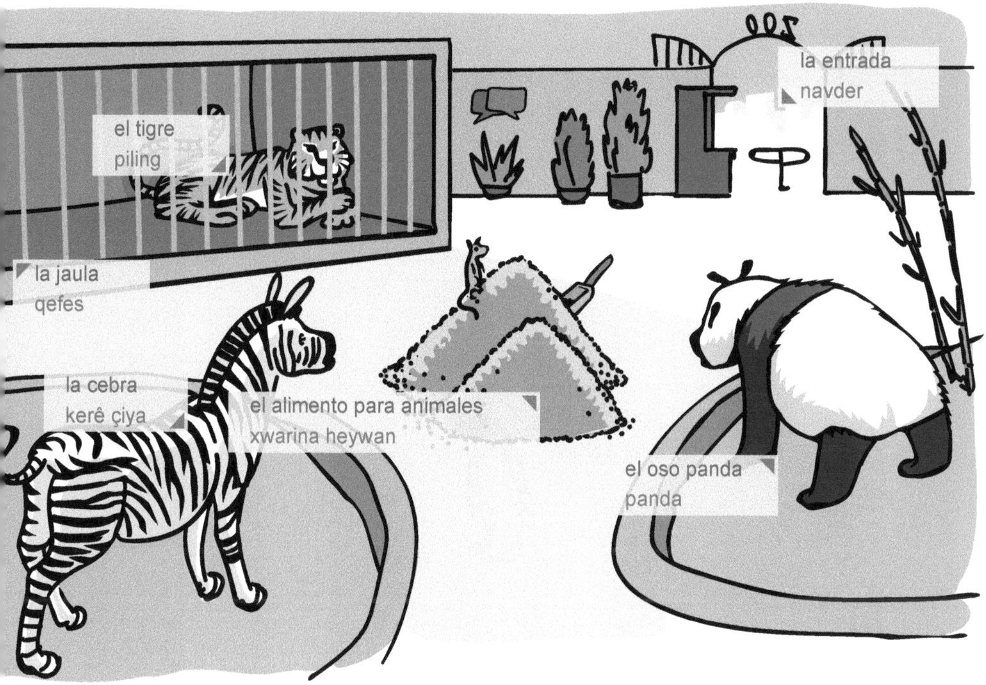
el tigre
piling
la entrada
navder
la jaula
qefes
la cebra
kerê çiya
el alimento para animales
xwarina heywan
el oso panda
panda

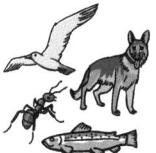

los animales

heywan

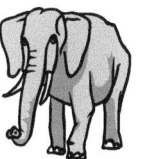

el elefante

fîl

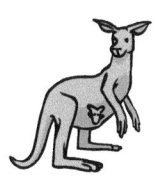

el canguro

kangarû

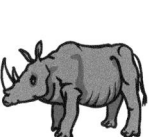

el rinoceronte

kerkeden

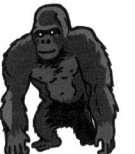

el gorila

gorîl

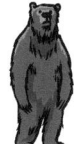

el oso

hirç

el camello

hêştir

el avestruz

hêştirme

el león

şêr

el mono

meymûn

el flamenco

flamîngo

el loro

papaxan

el oso polar

hirça cemserî

el pingüino

penguîn

el tiburón

semasî

el pavo real

tawûs

la serpiente

mar

el cocodrilo

timsah

el cuidador del zoológico

parêzera baxça ajalan

la foca

seya derya

el jaguar

piling

el poni
hesp

el leopardo
piling

el hipopótamo
hespê rûbar

la jirafa
canhêştir

el águila
helo

el jabalí
berazê kovî

el pescado
masî

la tortuga
kûsî

la morsa
walras

el zorro
rovî

la gacela
xezal

el fútbol americano
fûtbolê Amerîka

el ciclismo
bisiklêtan

el tenis
tenîs

el básquet
baskêtbol

la natación
avjenîkirin

el hockey sobre hielo
hokeya ser cemedê

el boxeo
boxing

el fútbol

fûtbol

el bádminton

badminton

el atletismo

yê atletîzmê

el handball

hendbol

el esquí

befirajotin

el polo

polo

las actividades
çalakiyan

saltar
hilpeke
abrazar
hembêz
reír
kenîn
caminar
birêveçûn
cantar
lawje gutin
soñar
xewn dîtin
rezar
nimêj kirin
besar
maçkirin

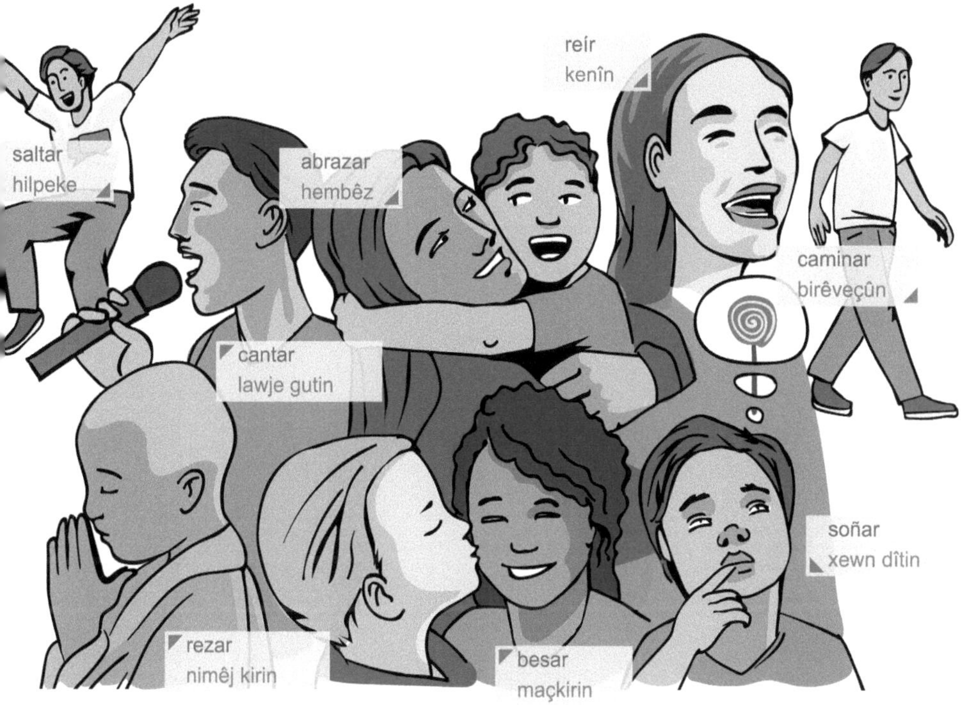

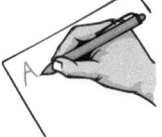

escribir

nivîsandin

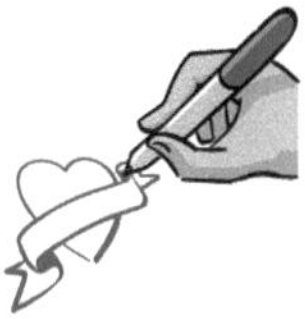

dibujar

nîgar kêşan

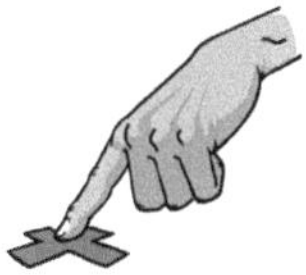

mostrar

nîşan dan

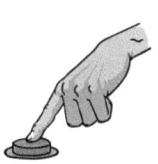

presionar

paldan

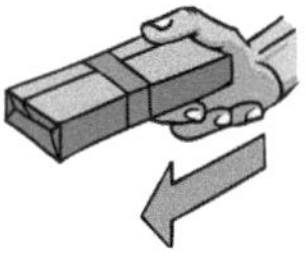

dar

dayîn

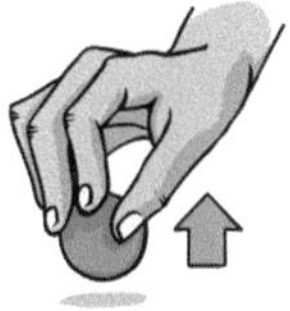

tomar

rakirin

tener
heyîn

hacer
kirin

ser
bûn

estar parado
sekinîn

correr
bazdan

tirar
kişandin

tirar
avêtin

caer
ketin

estar acostado
derew kirin

esperar
sekinîn

llevar
guhêztin

estar sentado
rûniştin

vestirse
cil berkirin

dormir
razan

despertar
rabûn

mirar

mêze kirin

llorar

girîn

acariciar

celte

peinar

şe kirin

hablar

peyvîn

entender

famkirin

preguntar

pirskirin

escuchar

bihîstin

beber

vexwarin

comer

xwarin

ordenar

kom kirin

amar

hezkirin

cocinar

xwarin çêkirin

manejar

ajotin

volar

firrîn

navegar

kesştîvanî

calcular

hesibandin

leer

xwandin

aprender

hînbûn

trabajar

karkirin

casarse

zewicîn

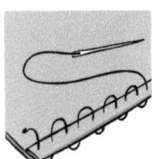

coser

dirûtin

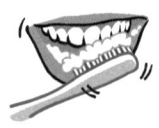

cepillarse los dientes

didan şûtin

matar

kuştin

fumar

dûxan

enviar

şandin

la familia

malbat

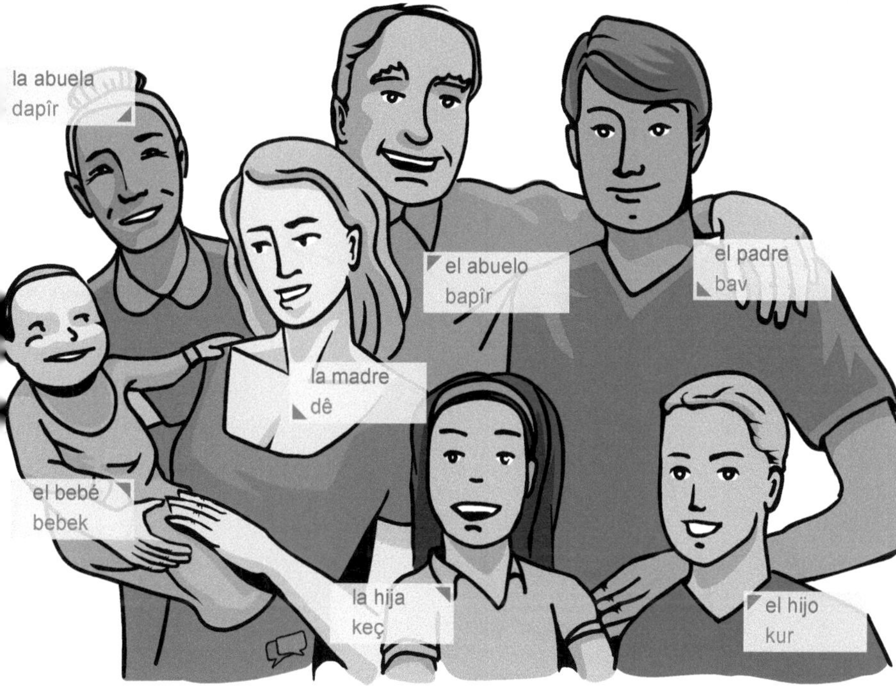

la abuela
dapîr
el abuelo
bapîr
el padre
bav
la madre
dê
el bebé
bebek
la hija
keç
el hijo
kur

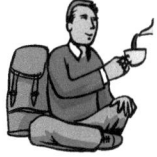

el invitado
mêvan

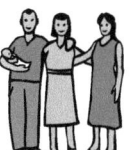

la tía
met

el tío
ap/xal

el hermano
bira

la hermana
xwişk

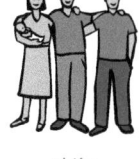

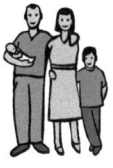

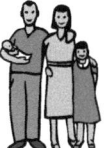

el cuerpo
beden

la frente
enî
el ojo
çav
el hombro
mil
el dedo
tilî
la cara
rû
la pera
zenî
la mano
dest
la pierna
ling
el pecho
sîng
el brazo
pîl

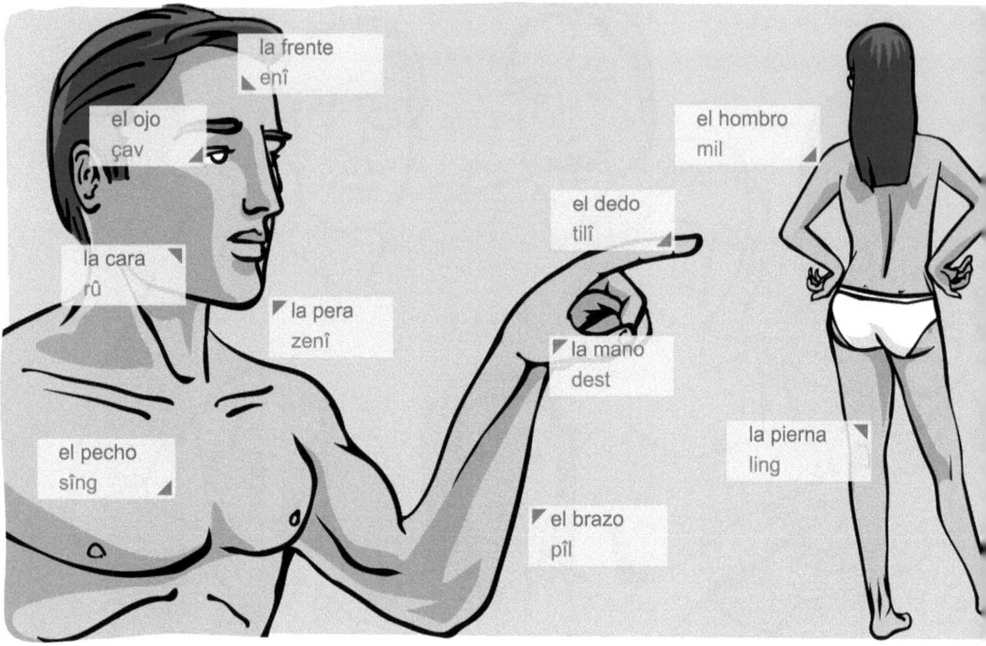

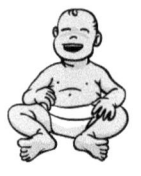

el bebé
bebek

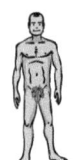

el hombre
mêr

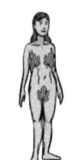

la mujer
jin

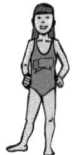

la nena
keç

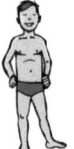

el nene
kor

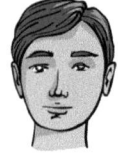

la cabeza
ser

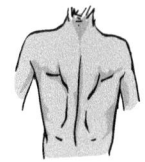

la espalda

pişt

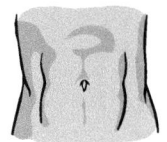

la panza

zik

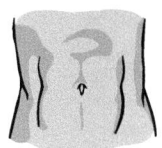

el ombligo

navik

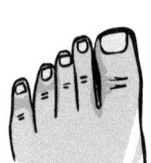

el dedo del pie

tilîya pê

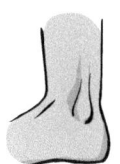

el talón

panî

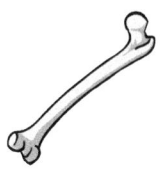

el hueso

hestî

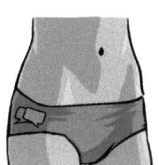

la cadera

kûlîmek

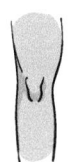

la rodilla

jûnî

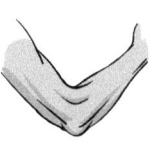

el codo

enîşk

la nariz

difn

la cola

qûn

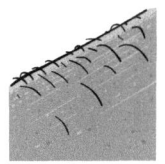

la piel

çerm

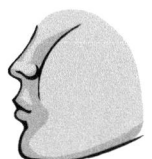

el cachete

rû

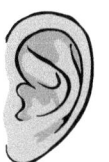

la oreja

gûh

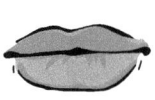

el labio

lêv

la boca
dev

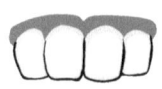

el diente
diran

la lengua
ziman

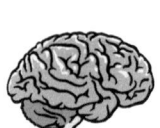

el cerebro
mêjî

el corazón
dil

el músculo
masûl

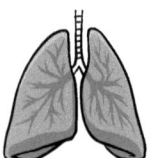

el pulmón
cîgera spî

el hígado
ceger

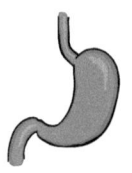

el estómago
made

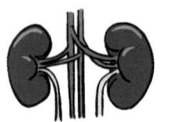

los riñones
gûrçikan

el sexo
cotbûn

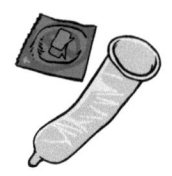

el preservativo
kondom

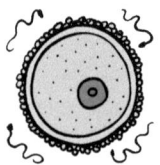

el óvulo
hêk

el semen
tov

el embarazo
dûcanî

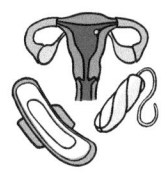

la menstruación
....
ade

la vagina
....
qûz

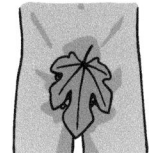

el pene
....
kîr

la ceja
....
birû

el pelo
....
por

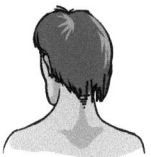

el cuello
....
hûstû

el hospital

nexweşxane

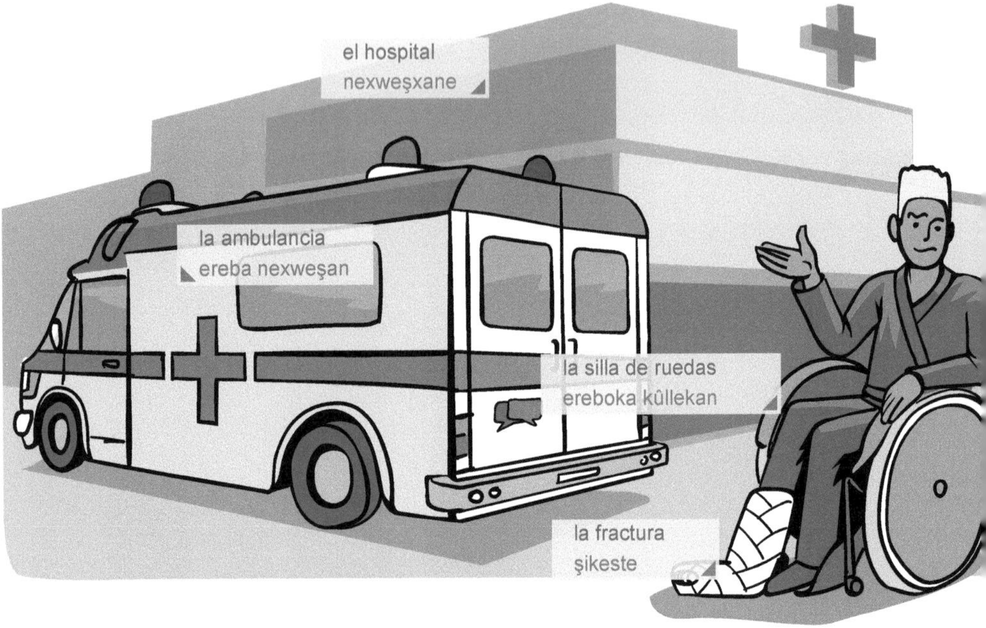

el hospital
nexweşxane
la ambulancia
ereba nexweşan
la silla de ruedas
ereboka kûllekan
la fractura
şikeste

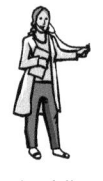

el médico

bijîşk

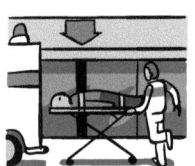

la sala de guardia

oda lezgînê

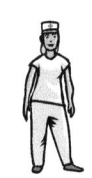

la enfermera

nexweşyar

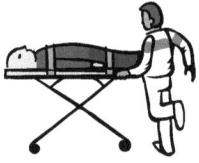

la emergencia

acîlîyet

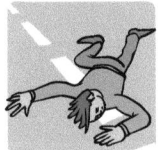

inconsciente

bêhay

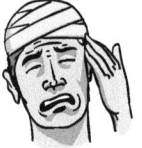

el dolor

êş

la lesión

birîn

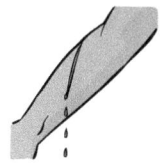

la hemorragia

xwînpijan

el infarto

hêrişa dilî

el ACV

celte

la alergia

alerjî

la tos

kuxik

la fiebre

ta

la gripe

zikam

la diarrea

navçûyin

el dolor de cabeza

serêş

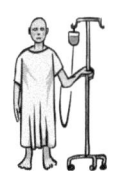

el cáncer

qansêr

la diabetes

nexweşiya şekirê

el cirujano

emelîkar

el bisturí

skalpêl

la operación

emelî

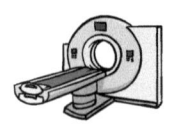

la TC

CT

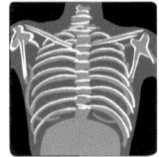

los rayos x

sûretê rontgên

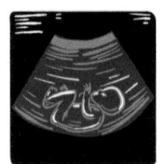

la ecografía

ûltrasawnd

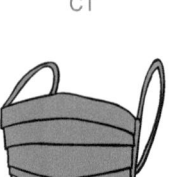

el barbijo

maskê rûyê

la enfermedad

nexweşî

la sala de espera

oda sekinînê

la muleta

goçan

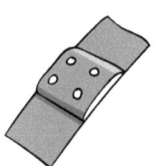

la curita

şêl

la venda

paçê birînpêçanê

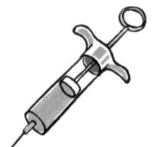

la inyección

derzî

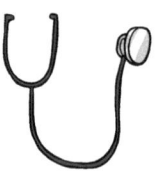

el estetoscopio

bîstoka pizîşkî

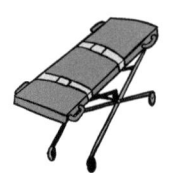

la camilla

darbest

el termómetro

têhnpîva klînîkê

el nacimiento

zayîn

el sobrepeso

qelew

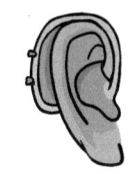

el audífono

alîkariya bihîstinê

el desinfectante

bakterîkuj

la infección

kotîbûn

el virus

vîrûs

el VIH / SIDA

HIV / AIDS

el remedio

derman

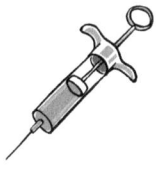

la vacunación

kutan

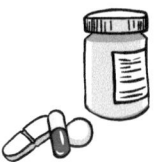

los comprimidos

heban

la pastilla anticonceptiva

heb

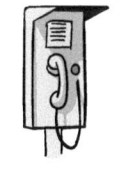

amada de emergencia

lezgîn

el tensiómetro

dîmenderê pesto xwîn

enfermo / sano

nexweş / sax

el hospital - nexweşxane

¡Ayuda!

Hewar!

la alarma

alarm

la agresión

êrîş

el ataque

êrîşkirin

el peligro

talûk

la salida de emergencia

derketina acil

¡Fuego!

agir!

el matafuego

agir vemirandinê

el accidente

qeza

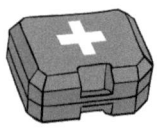

el botiquín de primeros
auxilios

aletên alîkariya yekem

el SOS

SOS

la policía

polîs

Europa

Ewropa

América del Norte

Amerîkaya Bakûr

América del Sur

Amerîkaya Başûr

África

Afrîka

Asia

Asya

Australia

Awustralya

el Atlántico

Atlantîk

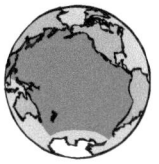

el Pacífico

Okyanûsa Mezin

el Océano Índico

Okyanûsa Hindî

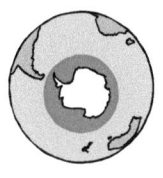

el Océano Antártico

Okyanûsa Antarktîka

el Océano Ártico

Okyanûsa Arktîk

el polo norte

Cemsera Bakûr

el polo sur

Cemsera Başûr

la Antártida

Antarktîka

la Tierra

erd

la tierra

ax

el mar

behir

la isla

dûrge

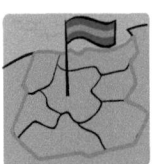

la nación

milllet

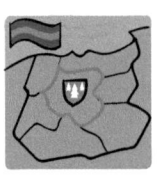

el estado

welat

la esfera

rûyê saet

la manecilla de las horas

nişanderka demjimêr

el minutero

nişanderka deqe

el segundero

nişanderka saniye

¿Qué hora es?

Seet çende?

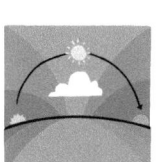

el día

roj

la hora

dem

ahora

niha

el reloj digital

saetê dicîtal

el minuto

deqe

la hora

seet

la semana
hefte

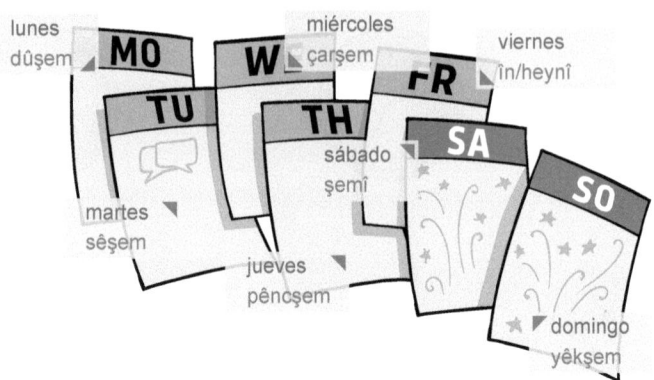

lunes
dûşem

miércoles
çarşem

viernes
în/heynî

martes
sêşem

sábado
şemî

jueves
pêncşem

domingo
yêkşem

ayer

duh

hoy

îro

mañana

sibey

la mañana

sibe

el mediodía

nîvro

la tarde

êvar

MO	TU	WE	TH	FR	SA	SU
1	2	3	4	5	6	7
8	9	10	11	12	13	14
15	16	17	18	19	20	21
22	23	24	25	26	27	28
29	30	31	1	2	3	4

los días hábiles

rojên karê

MO	TU	WE	TH	FR	SA	SU
1	2	3	4	5	6	7
8	9	10	11	12	13	14
15	16	17	18	19	20	21
22	23	24	25	26	27	28
29	30	31	1	2	3	4

el fin de semana

dawiya hefte

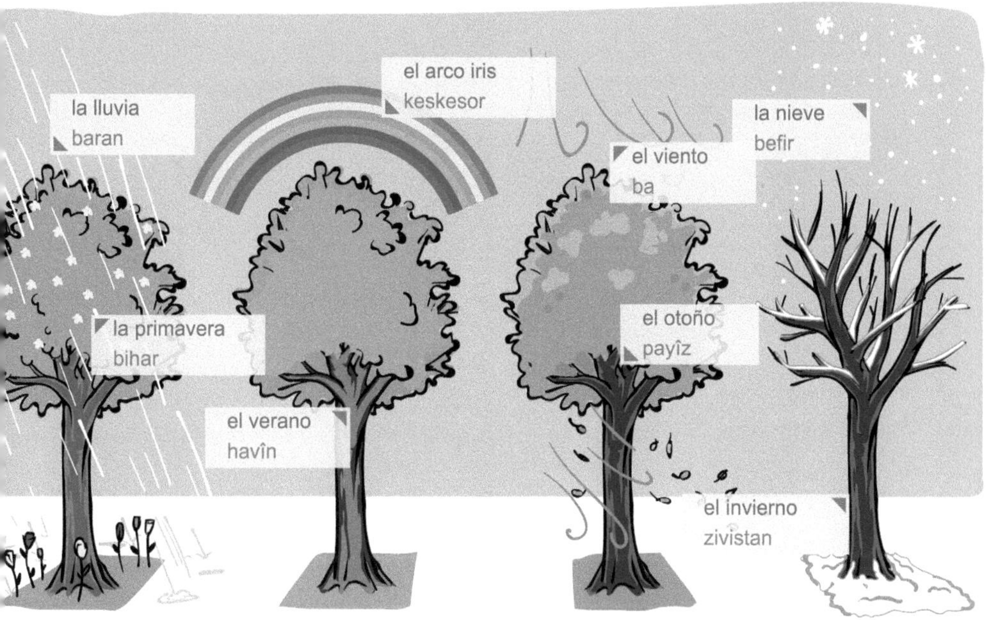

la lluvia
baran

el arco iris
keskesor

la nieve
befir

el viento
ba

la primavera
bihar

el otoño
payîz

el verano
havîn

el invierno
zivistan

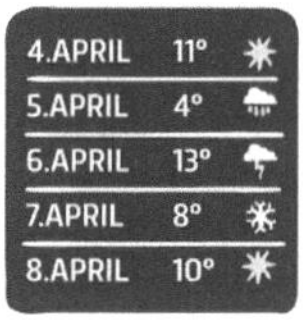

4.APRIL	11°	☀
5.APRIL	4°	
6.APRIL	13°	
7.APRIL	8°	☀
8.APRIL	10°	☀

onóstico meteorológico

pêşbîniya hewa

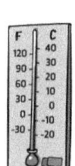

el termómetro

tehnpîv

la luz del sol

tav

la nube

hewr

la niebla

mij

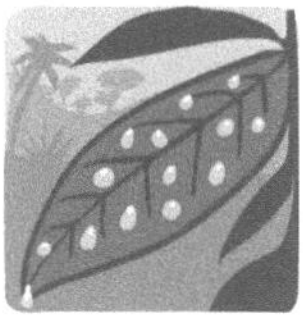

la humedad

hêmî

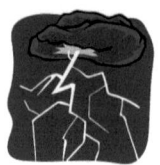

el rayo

birq

el trueno

brûsk

la tormenta

tofan

el granizo

terg

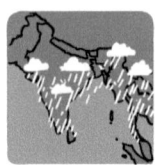

el monzón

mansûn

la inundación

lehî

el hielo

cemed

enero

rêbendan

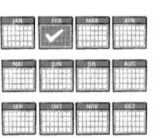

febrero

reşeme

marzo

newroz

abril

gulan

mayo

cozerdan

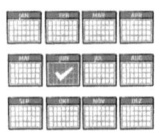

junio

pûşper

julio

gelawêj

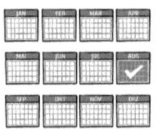

agosto

xermanan

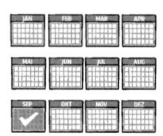

septiembre
....
rezber

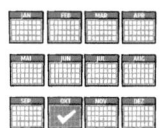

octubre
....
kewçêr

noviembre
....
sermawez

diciembre
....
befranbar

las formas

şêwe

el círculo
....
çember

el cuadrado
....
çarçik

el rectángulo
....
çarqozî

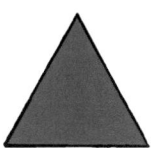

el triángulo
....
sêqozî

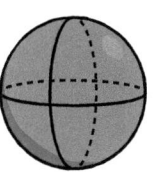

la esfera
....
qada

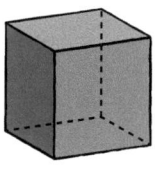

el cubo
....
xiştek

blanco

sipî

amarillo

zer

naranja

pirteqalî

rosa

pembe

rojo

sor

violeta

mor

azul

şîn

verde

kesik

marrón

qehweyî

gris

gewr

negro

reş

mucho / poco

zor / kêm

enojado / tranquilo

bi hêrs / bêdeng

lindo / feo

bedew / nerind

el principio / el fin

destpêk / dawî

grande / chico

mezin / biçûk

claro / oscuro

ronî / tarî

hermano / la hermana

brak / xwişk

limpio / sucio

pagij / girêj

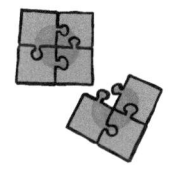

completo / incompleto

tevî / netemam

el día / la noche

roj / şev

muerto / vivo

mirî / zindî

ancho / angosto

fire / teng

comestible / no comestible

xweş / nexweş

malo / amable

nebaş / baş

entusiasmado / aburrido

bi heyecan / aciz

gordo / flaco

qelew / zirav

primero / último

yekemîn / dawîn

el amigo / el enemigo

heval / dijmin

lleno / vacío

tijî / vala

duro / blando

req / nerm

pesado / liviano

giran / sivik

el hambre / la sed

birçî / tînî

enfermo / sano

nexweş / sax

ilegal / legal

neqanûnî / qanûnî

inteligente / estúpido

rewşenbîr / balûle

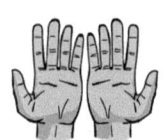

izquierda / derecha

çep / rast

cerca / lejos

nêzî / dûr

nuevo / usado

nû / bikarhatî

nada / algo

hîç / tiştek

viejo / joven

kal / ciwan

ncendido / apagado

li / ji

abierto / cerrado

vekirî / girtî

silencioso / ruidoso

aram / dengbilind

rico / pobre

dewlemend / reben

correcto / incorrecto

rast / şaş

áspero / suave

dirr / hilû

triste / contento

xemgîn / şa

corto / largo

kurt / dirêj

lento / rápido

hêdî / zû

mojado / seco

şil / ziwa

caliente / frío

germ / hênik

guerra / paz

şerr / aşitî

0
cero
sifir

1
uno
yek

2
dos
dû

3
tres
sê

4
cuatro
çar

5
cinco
pênc

6
seis
şeş

7
siete
heft

8
ocho
heşt

9
nueve
neh

10
diez
deh

11
once
yazde

12

doce

dazde

13

trece

sêzde

14

catorce

çarde

15

quince

pazde

16

dieciséis

şazde

17

diecisiete

hefde

18

dieciocho

hejde

19

diecinueve

nozdeh

20

veinte

bîst

100

cien

sed

1.000

mil

hezar

1.000.000

el millón

milyon

los idiomas
zimanan

el inglés

Inglîzî

el inglés americano

Inglîziya Amerîkî

el chino mandarín

Çînî Mandarîn

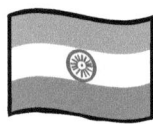

el hindi

Hindî

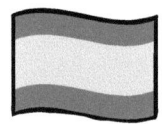

el español

Îspanyolî

el francés

Frensî

el árabe

Erebî

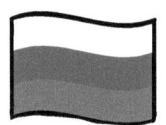

el ruso

Rûsî

el portugués

Portugalî

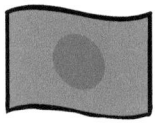

el bengalí

Bengalî

el alemán

Elmanî

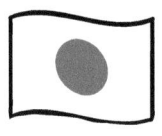

el japonés

Japonî

yo

min

vos

tu

él / ella

ew / ev / ew

nosotros

em

ustedes

tu

ellos

ew

¿quién?

kî?

¿qué?

çi?

¿cómo?

çawa?

¿dónde?

kû?

¿cuándo?

kengî?

el nombre

nav

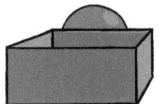

detrás

piştî

en

li

adelante de

pêşî

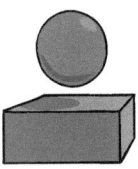

por encima de

ser

sobre

ser

debajo de

bin

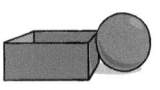

al lado de

kêlek

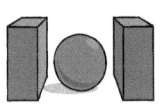

entre

navber

el lugar

cih